Mit dem Herzen verstehen

Thich Nhat Hanh

Mit dem Herzen verstehen

Kommentare zu dem Prajñaparamita Herz Sutra

THESEUS VERLAG

Informationen über weitere Bücher Thich Nhat Hanhs
finden Sie auf den letzten Seiten dieses Buches

5., überarbeitete Auflage 1996

ISBN 3-89620-086-0

Titel der amerikanischen Originalausgabe:
The Heart of Understanding
Commentaries on the Prajñaparamita Heart Sutra
erschienen bei Parallax Press, Berkeley, California, U.S.A.

© 1988 by Thich Nhat Hanh

Übersetzung ins Deutsche: Ursula Richard

© der deutschen Übersetzung 1989 by Theseus Verlag,
Zürich, München, Berlin
Die Verwertung der Texte und Bilder, auch auszugsweise, ist ohne
Zustimmung des Verlags urheberrechtswidrig und strafbar. Dies gilt auch
für Vervielfältigungen, Übersetzungen, Mikroverfilmungen und für die
Verarbeitung mit elektronischen Systemen.

Umschlaggestaltung: Morian & Bayer-Eynck, Coesfeld
Titelbild: © Masahiko Sato/Picture Press
Druck: Wiener Verlag, Himberg
Printed in Austria

Gedruckt auf alterungsbeständigem Papier
mit chlorfrei gebleichtem Zellstoff

Inhalt

Vorwort	9
Anmerkungen zur Übersetzung	13
Das Prajñaparamita Herz-Sutra	17
Alles ist in allem enthalten	19
Was bedeutet Leerheit?	23
Der Weg des Verstehens	27
Nur dank der Leerheit ist alles möglich	31
Auch ein Blatt wird nicht vergehen	35
Der Abfall und die Rose	49
Der Mond bleibt immer der Mond	59
Auch der Buddha besteht aus Nicht-Buddha-Elementen	61
Wir sind frei	67
Der Weg, der von Angst befreit	69

Vorwort

Das *Prajñaparamita Herz-Sutra* wird als die Essenz der buddhistischen Lehre betrachtet. Täglich wird es überall in der Welt in Mahayana-Gemeinschaften rezitiert. Thich Nhat Hanhs Kommentare, die in diesem Buch enthalten sind, sind Teil des ununterbrochenen Stroms mündlicher Übertragung, der seit den Zeiten Shakyamuni Buddhas vor 2500 Jahren grundlegend für den Buddhismus ist.

Die Literatur der Prajñaparamita (Vollkommenes Verstehen) ist etwa zu Beginn der christlichen Zeitrechnung entstanden und seit nunmehr zweitausend Jahren immer wieder studiert und erläutert worden, zunächst in Indien, dann in China, Vietnam, Korea, Tibet, Japan und anderen Ländern des Mahayana-Buddhismus. Seit fast einem Jahrhundert sind diese Lehren nun auch in englischer Sprache verfügbar, und seit mehr als dreißig Jahren werden sie im Westen von Zen-Lehrern und tibetischen Lehrern gelehrt, in Zusammenhang mit Unterweisungen in die Praxis der Meditation. Doch sind die meisten dieser Lehren für Abendländer nur schwer zu verstehen.

Im Frühjahr 1987 bot Thich Nhat Hanh, ein vietnamesischer Zen-Meister, Dichter und Friedensaktivist eine Reihe von Retreats und Vorträgen an. Sie fanden statt in Kalifornien, Nordwest-Pazifik, Colorado, Neu-England und New York. Er ermutigte seine amerikanischen Zuhörer, mit ihm gemeinsam zu versuchen, das wahre Gesicht eines „amerikanischen Buddhismus" zu entdecken, eines Buddhismus, der nicht „fremd" ist, sondern der Tiefe unseres Verstehens entspringt. „Es gibt nicht nur einen Buddhismus, seine Lehren sind vielfältig. Wenn der Buddhismus in ein Land kommt, so wird dieses Land immer eine neue Form des Buddhismus hervorbringen... Die Lehre des Buddhismus in diesem Land wird sich von der in anderen Ländern unterscheiden. Buddhismus muß, um Buddhismus zu sein, angemessen und angepaßt sein an die Psychologie und Kultur der Gesellschaft, der er dient."

Um unser Verstehen zu vertiefen und uns bei unserer Erforschung zu helfen, bot Thay (ein informeller Titel für „Lehrer") verschiedene Vorträge an über das *Prajñaparamita Herz-Sutra*.

Einige davon waren öffentliche Vorträge, gehalten vor sieben- bis achthundert Zuhörern, andere wurden fünfzig bis sechzig Menschen angeboten, die in einem „Retreat" zusammenwaren. So in jenem in Ojai, Kalifornien, wo Künstler und Meditierende unter einer großen Eiche am Fuße der Los Padros-Berge beieinander saßen. Der Gesang der Vögel am frühen Morgen, der warme, leichte Wind, der uns berührte, begleiteten Thays sanfte, eindringliche Stimme. Seine Vorträge über das Herz-Sutra waren einzigartig verständlich und brachten neues Leben und lebendiges Verstehen in diese alten Lehren.
Dieses Buch ist eine Zusammenstellung mehrerer dieser Vorträge; mehrere Ströme, die zusammenfließen, um einen einzigen zu bilden.

Während des „Retreats" ermutigte Thay die Teilnehmer immer wieder zur Stille, zur klaren Aufmerksamkeit für jede alltägliche Aktivität; sei es zu essen, einen Buddha zu zeichnen oder nur ruhig zu gehen und dabei bewußt den Kontakt zwischen unseren Füßen und der Erde, die sie trägt, wahrzunehmen.

Um diese Art der Achtsamkeit zu unterstützen, ließ ein „Glockenmeister" regelmäßig eine große Glocke erklingen, und alle unterbrachen ihre Aktivität, atmeten dreimal und rezitierten leise: „Höre, höre, dieser wunderbare Klang bringt mich zurück zu meinem wahren Selbst." „Eine Glocke ist ein Bodhisattva," sagte Thay, „Sie hilft uns, zu erwachen." In diesem Bewußtsein legten wir, wenn die Glocke eingeladen war zu erklingen, unsere Gartenwerkzeuge, unsere Hämmer, Malpinsel oder Federhalter beiseite und kehrten für einen Augenblick zu uns selbst zurück. Wir atmeten mit einer natürlichen Heiterkeit, lächelten eine Art Halb-Lächeln zu uns selbst und allem um uns herum - den Menschen, den Bäumen, einer Blume, dem Kind, das voller Vergnügen umherläuft; selbst unserem Ärger und manchmal unseren Schmerzen lächelten wir zu.

Dabei lauschten wir der Glocke und wurden eins mit ihrem Klang. Es ist wahrhaftig bemerkenswert, wie tief eine Glocke in einem Menschen erklingen kann. Nach dieser Pause nahmen wir unsere Aktivitäten wieder auf, mit neuer Energie, vielleicht etwas aufmerksamer, etwas bewußter als zuvor. Nicht nur eine Glocke kann ein Bodhisattva sein. Alles kann uns helfen, zu erwachen und uns dem gegenwärtigen Moment zu öffnen. Thay sagt: „Buddhismus ist ein geschickter Weg, das Leben zu genießen."

In diesem Sinne möchte ich einen Weg vorschlagen, dies schmale Buch zu lesen, so daß Du dem reinen „Herzen des Verstehens", das es enthält, folgen kannst. Lies es so, wie Du einer Glocke lauschst. Unterbrich für einen Moment Deine täglichen Aufgaben, sowohl physisch als auch geistig, setz Dich bequem hin und erlaube den Worten dieses wunderbaren Lehrers, tief in Deinem Innern zu erklingen. Ich bin sicher, daß Du die Glocke der Achtsamkeit viele Male hören kannst, wenn Du Dich selbst und dieses Buch in dieser Weise zusammenbringst

Wenn sie erklingt, so lege Dein Buch für einen Augenblick beiseite und lausche ihrem Klang, der in Deinen Tiefen wiederhallt. Vielleicht magst Du noch versuchen, ruhig zu atmen und ein Lächeln anzubieten. Dies scheint zunächst schwierig, und für viele von uns war es das auch am Anfang, doch kann ich immer noch Thays ermutigende Stimme hören, die uns sagt: „Ihr könnt es!" In dieser Weise werden sich die Fülle Deines Herzens und die des Herz-Sutras sehr nahe kommen. Sie berühren sich vielleicht sogar. Kann Mitgefühl, Weltfrieden weit davon entfernt sein?

Peter Levitt
Malibu, California
April 1988

Anmerkungen zur Übersetzung

Das *Prajñaparamita Herz-Sutra* gilt als einer der wichtigsten buddhistischen Texte. Es ist Teil der sehr umfangreichen Prajñaparamita-Literatur, die in ca. vierzig Sutren die Vollkommenheit und Transzendenz der *prajña* preist. Prajña gilt als die Mutter aller Buddhas und Bodhisattvas (ein Aspekt, der später vor allem im tibetischen Buddhismus betont wird). Prajña wird darüberhinaus aber als ein Vermögen betrachtet, das allen Lebewesen innewohnt; allen ist es möglich, dank der prajña Befreiung und Erleuchtung zu verwirklichen.

Üblicherweise wird der Begriff im Westen mit „Weisheit" übersetzt. Thich Nhat Hanh verwendet jedoch den Begriff „Verstehen", um zu betonen, daß es hier nicht um ein begrifflich faßbares, den Intellekt ansprechendes Wissen geht, das man erlangen oder besitzen kann, sondern um eine Art Aktivität, die da ihre volle Wirksamkeit entfaltet, wo sie ungehindert durchdringen kann. Für ihn ist „Verstehen" vergleichbar mit dem Wasser, das in einem Flußbett strömt, während „Weisheit" eher an Undurchlässigkeit, Festigkeit denken läßt.

Die ersten Texte der Prajñaparamita sind um 100 v.u.Z. entstanden; das Herz-Sutra in der uns heute vorliegenden Form erst später, vermutlich aus dem Wunsch nach einer verslich prägnanten Zusammenfassung des Kerngehalts der Prajñaparamita-Literatur. Dies ist in der

Komposition des Herz-Sutras in einzigartiger Weise gelungen, und so zählt es zu den tiefgründigsten religiösen Texten.

Nach einer Legende soll der Buddha selbst die Lehre von der „Vollkommenheit des Verstehens" offenbart haben. Ihr Inhalt sei aber so schwierig gewesen, daß er von seinen Zeitgenossen nicht verstanden werden konnte. Daher wurden die Schriften im Palast der Schlangen (Nagas) aufbewahrt. Als die Zeit herangereift war, stieg der Gelehrte Nagarjuna in die Unterwelt hinab und brachte sie für die Menschen ans Licht. Nagarjuna, ein sehr bedeutender buddhistischer Philosoph Indiens, hat wichtige Kommentare zur Prajñaparamita herausgegeben und sehr zu ihrer Verbreitung beigetragen.

Später wurden diese Schriften ins Chinesische, Japanische, Vietnamesische und Koreanische übertragen und auch in diesen Ländern des Mahayana-Buddhismus eingehend studiert und kommentiert. Noch heute wird das Herz-Sutra in Mahayana-Klöstern und -Gemeinschaften tagtäglich rezitiert.

Seit ungefähr hundert Jahren gibt es auch Übertragungen des Herz-Sutras (und anderer Sutren dieser Literatur) in westliche Sprachen, und seit sich viele Menschen im Westen für die Lehren und die Praxis des Zen-Buddhismus und des tibetischen Buddhismus geöffnet haben, ist auch hier das Interesse gewachsen, dieses Sutra zu verstehen. Zen-Meister und tibetische Lehrer begannen im Rahmen ihrer Unterweisungen in die Meditationspraxis über das Herz-Sutra zu sprechen und es zu kommentieren. Doch das Herz-Sutra - unmittelbar aus dem Herzen kommend und auf unser Herz zielend - ist weiterhin eine große Herausforderung für unser Verstehen geblieben, denn es verlangt, um sich uns zu offenbaren, das Aufgeben dualistischer Denk- und Sichtweisen.

Thich Nhat Hanh, ein vietnamesischer Zen-Meister und Dichter, in vielen Teilen der Welt auch durch sein Engagement für Frieden und soziale Gerechtigkeit bekannt, bereiste im Frühjahr 1987 die Vereinigten Staaten und hielt an verschiedenen Orten Vorträge. Eine ganze Reihe dieser Vorträge waren dem Prajñaparamita Herz-Sutra gewidmet.

In dem hier vorliegendem Buch sind einige seiner Vorträge zum Herz-Sutra zusammengestellt, und zwar so, daß der gesamte Text kommentiert ist.

Wenn wir diese Vorträge offenen Herzens lesen, so können wir sicher spüren, wie lebendig das Herz-Sutra auf einmal wird - und wie kostbar es für uns ist. Thich Nhat Hanh versteht es in beindruckender Weise, den Gehalt des Sutras zu erschließen und uns die Freude und Zuversicht zu vermitteln, die in ihm begründet liegt. Dank seiner klaren und bildhaften Sprache und dank seines eigenen tiefen Verstehens ermöglicht er uns, das Herz-Sutra und damit uns selbst - mit neuen, wachen Augen zu sehen. Das Verstehen, von dem das Herz-Sutra spricht, und unser Verstehen sind „nicht zwei."

Thich Nhat Hanhs Kommentare können uns eine unschätzbare Hilfe sein, jene „Vollkommenheit des Verstehens" zu erwecken, die nie außerhalb von uns existierte und nur durch uns zu verwirklichen ist.

Ursula Richard
Berlin 1989

Das Prajñaparamita Herz-Sutra

*Der Bodhisattva Avalokitesvara,
tief im Strom vollkommenen Verstehens,
erhellte die fünf Skandhas
und fand sie gleichermaßen leer.
Dies durchdringend, überwand er alles Leiden.*

*Höre, Shariputra,
Form ist Leerheit, Leerheit ist Form,
Form ist nichts anderes als Leerheit,
Leerheit ist nichts anderes als Form.
Dasselbe gilt für Empfindungen,
Wahrnehmungen, geistige Formkräfte und Bewußtsein.*

*Höre, Shariputra,
alle Dharmas sind durch Leerheit gekennzeichnet.
Weder entstehen sie, noch vergehen sie,
sie sind weder rein noch unrein,
weder werden sie größer, noch werden sie kleiner.
Daher gibt es in der Leerheit weder Form
noch Empfindung, noch Wahrnehmung,
noch geistige Formkraft, noch Bewußtsein;
kein Auge, kein Ohr, keine Nase, keine Zunge,
keinen Körper, keinen Geist;
keine Form, keinen Klang, keinen Geruch, keinen Geschmack,
kein Berührbares, kein Objekt des Geistes;
keinen Bereich der Elemente
(von den Augen bis zum Geist-Bewußtsein);
kein bedingtes Entstehen*

und kein Erlöschen des bedingten Entstehens
(von Unwissenheit bis zu Tod und Verfall);
kein Leiden, keinen Ursprung des Leidens,
kein Ende des Leidens und keinen Weg;
kein Verstehen, kein Erlangen.

Weil es kein Erlangen gibt,
finden die Bodhisattvas,
in vollkommenem Verstehen ruhend,
keine Hindernisse in ihrem Geist.
Keine Hindernisse erlebend, überwinden sie die Angst,
befreien sich selbst für immer von Täuschung
und verwirklichen vollkommenes Nirvana.
Alle Buddhas der Vergangenheit, Gegenwart und Zukunft
erlangen dank dieses vollkommenen Verstehens
volle, wahre und universale Erleuchtung.
Daher sollte man wissen, daß vollkommenes Verstehen
das höchste Mantra ist, das Mantra ohnegleichen,
das alles Leiden aufhebt, die unzerstörbare Wahrheit.
Das Mantra der Prajñaparamita sollte daher verkündet werden.
Dies ist das Mantra:

Gate gate paragate
parasamgate
bodhi svaha.

Alles ist in allem enthalten

Seht die Wolke, die in diesem Stück Papier schwebt. Wenn ihr genau hinschaut, werdet ihr sie sehen können. Ohne die Wolke wird kein Regen sein; ohne Regen können die Bäume nicht wachsen, und ohne Bäume können wir kein Papier herstellen.

Für die Existenz des Papieres ist die Wolke wesentlich. Wenn die Wolke nicht ist, kann auch das Stück Papier nicht sein. Wir können also sagen, daß die Wolke und das Papier einander bedingen und durchdringen (1).

Betrachten wir dieses Stück Papier näher, so können wir auch den Sonnenschein darin sehen. Ist der Sonnenschein nicht da, kann der Wald nicht wachsen. Tatsächlich kann nichts wachsen. Und so wissen wir, daß auch der Sonnenschein in diesem Papier ist, und daß sie sich wechselseitig bedingen und durchdringen. Und wenn wir weiter hinschauen, so sehen wir den Holzfäller, der den Baum fällt und ihn zur Mühle bringt, damit aus dem Baum Papier werden kann. Und wir sehen den Weizen. Wir wissen, daß der Holzfäller ohne sein tägliches Brot nicht leben kann, und daher ist der Weizen, der zu seinem Brot wurde, auch in diesem Stück Papier; ebenso wie die Mutter und der Vater des Holzfällers es sind.

Betrachten wir es in dieser Weise, so sehen wir, daß das Stück Papier ohne all diese Dinge nicht existieren kann. Schauen wir noch genauer hin, so sehen wir auch uns darin. Das ist nicht schwer zu verstehen, denn wenn wir ein Stück Papier betrachten, so ist es Teil unserer

Wahrnehmung. Euer Geist ist ebenso darin wie der meine. Daher können wir sagen, daß alles in diesem Stück Papier enthalten ist. Ihr könnt nichts herausgreifen, was nicht darin ist - Zeit, Raum, die Erde, der Regen, die Mineralien der Erde, der Sonnenschein, die Wolke, der Fluß, die Hitze. Alles existiert gleichzeitig in diesem Stück Papier. Das Stück Papier ist, weil alles andere ist.

Angenommen, wir versuchen, eines der Elemente zu seinem Ursprung zurückzuführen, z.B. führen wir den Sonnenschein zurück zur Sonne. Glaubt ihr, daß das Stück Papier dann noch möglich wird? Nein, denn ohne Sonnenschein kann nichts sein. Und führen wir den Holzfäller zurück zu seiner Mutter, so haben wir ebenfalls kein Stück Papier mehr. Tatsächlich besteht dieses Stück Papier nur aus „Nicht-Papier Elementen". Und wenn wir diese Nicht-Papier-Elemente zurück zu ihren Ursprüngen führen, gibt es überhaupt kein Papier mehr. Ohne Nicht-Papier-Elemente wie Geist, Holzfäller, Sonnenschein usw. wird kein Papier möglich sein. So dünn dieses Stück Papier auch ist, es enthält das ganze Universum in sich.
Doch das Herz-Sutra scheint das Gegenteil zu sagen. Avalokitesvara erklärt uns, daß die Dinge leer sind. Laßt uns genauer hinsehen.

(1) Thich Nhat Hanh benutzt hier den Begriff „interbeing", bzw. „to inter-be", um das Zusammenwirken der Dinge zu charakterisieren. Er hat den Begriff für die englische Sprache selbst geprägt und verweist darauf,

daß er dem Geist des Avatamsaka-Sutras entspricht, das sehr bildreich die Beziehungen der Phänomene zueinander erläutert. Im deutschen Sprachraum werden bisher vor allem die Begriffe „Durchdringung", „einander wechselseitig bedingen und durchdringen" o.ä. verwandt, um sich dem Gemeinten anzunähern. Dieser Sprachregelung folgt auch diese Übersetzung, da der englische Ausdruck so nicht ins Deutsche zu übertragen ist. (Anm. d. Übers.)

Was bedeutet Leerheit?

„Der Bodhisattva Avalokitesvara, tief im Strom vollkommenen Verstehens, erhellte die fünf Skandhas und fand sie gleichermaßen leer."

Bodhi bedeutet „erwacht sein" und *sattva* bedeutet „Lebewesen"; *Bodhisattva* bezeichnet also ein erwachtes Lebewesen. Wir alle sind manchmal Bodhisattvas und manchmal nicht. Der Name des Bodhisattvas in diesem Sutra ist Avalokitesvara; manchmal wird er auch als Avalokita bezeichnet.

Im Chinesischen lautet sein Name Kwan Yin, im Vietnamesichen Quan Am und im Japanischen Kannon. Er bezeichnet den, der das Weinen in der Welt er-hört und zu Hilfe eilt. Viele Buddhisten des Ostens beten zu ihm oder rufen seinen Namen an. Manchmal wird Avalokita in männlicher, manchmal in weiblicher Gestalt verehrt. *Das Prajñaparamita Herz-Sutra* ist das wunderbare Geschenk Avalokitesvara Bodhisattvas an uns; es ist das Geschenk der Nicht-Angst, denn er selbst hat die Angst transzendiert.

Prajñaparamita bedeutet Vollkommenes Verstehen. Meist wird *prajña* mit „Weisheit" übersetzt, aber ich denke, daß Weisheit nicht genau die Bedeutung auszudrücken vermag. Verstehen ist wie das Wasser, das in einem Fluß strömt. Weisheit und Wissen sind eher fest und können den Fluß unseres Verstehens hemmen. Im Buddhismus wird Wissen als ein Hindernis für das Verstehen angesehen. Wenn wir etwas für wahr erachten, haften wir vielleicht so sehr daran, daß, selbst wenn die Wahrheit käme und an unsere Türe klopfte, wir sie nicht hereinbitten würden. Wir müssen fähig sein, unser früheres Wissen zu überschreiten, so wie wir eine Leiter hinaufsteigen.

Wenn wir uns auf der fünften Sprosse befinden und meinen, wir seien schon sehr hoch, dann gibt es für uns keine Hoffnung, die sechste Sprosse zu erklimmen. Wir müssen lernen, unsere eigenen Sichtweisen hinter uns zu lassen. Verstehen kann, wie das Wasser, fließen und eindringen. Ansichten, Wissen und Weisheit sind fest und können den Fluß des Verstehens hemmen.

Laut Avalokitesvara ist dieses Stück Papier leer, doch hat unsere Analyse ergeben, daß es erfüllt ist von allem. So scheint es einen Widerspruch zu geben zwischen seiner und unserer Beobachtung. Avalokita erkannte, daß die fünf Skandhas leer sind. Doch leer von was? Das Schlüsselwort ist hier *leer*. Leer zu sein bedeutet, leer *von* etwas zu sein. Wenn ich eine Schale mit Wasser habe und euch frage: „Ist diese Schale leer?" so werdet ihr sagen: „Nein, sie ist voller Wasser." Aber wenn ich das Wasser ausschütte und euch erneut frage, werdet ihr vermutlich sagen: „Ja, sie ist leer." Aber leer von was? Leer bedeutet, leer von etwas zu sein. Die Schale kann nicht leer von nichts sein. „Leer" bedarf also, um überhaupt etwas zu bedeuten, der Erläuterung: leer von was? Meine Schale ist leer von Wasser, aber sie ist nicht leer von Luft.

Leer zu sein, bedeutet leer von etwas zu sein. Das ist wirklich eine Entdeckung. Avalokita sagt, daß die fünf Skandhas gleichermaßen leer sind, und wir müssen, um ihm zu helfen, präzise zu sein, fragen: „Verehrter Avalokita, von was sind sie leer?"

Die fünf Skandhas (wörtlich übersetzt kann man sie als fünf Anhäufungen oder fünf Aggregate bezeichnen) sind die fünf Elemente, die ein menschliches Wesen bilden.

Diese fünf Elemente fließen wie ein Strom in jedem von uns; tatsächlich sind es eher fünf Ströme, die zusammen in uns fließen: der Strom der Form, d.h. unser Körper, der Strom der Empfindungen, der Strom der Wahrnehmungen, der Strom der geistig psychischen Formkräfte und der Strom des Bewußtseins. Sie fließen immerfort in uns. Als Avalokita das Wesen dieser fünf Ströme ergründete, sah er plötzlich, daß alle fünf leer sind. Und wenn wir fragen: „Leer von was?" so gibt er uns zur Antwort: „Sie sind leer von einem eigenständigen, unabhängigen Selbst."

Das bedeutet, keiner dieser fünf Ströme kann durch sich selbst existieren. Jeder muß aus den vier anderen Strömen bestehen. Sie sind nur gleichzeitig, und sie bedingen und durchdringen einander wechselseitig.

Unsere Körper bestehen aus Blut, Lunge, Herz, Nieren, Magen usw., und keines dieser Elemente kann unabhängig existieren, jedes besteht nur in Gleichzeitigkeit mit den anderen. Lunge und Blut sind zwei Dinge, doch sie können nicht getrennt voneinander existieren. Die Lungen nehmen die Luft auf und reichern das Blut an, und umgekehrt nährt das Blut die Lunge. Ohne Blut kann die Lunge nicht lebendig sein, und ohne Lunge kann das Blut nicht gereinigt werden. Lunge und Blut durchdringen und bedingen einander. Das gleiche gilt für Nieren und Blut, Nieren und Magen, Lunge und Herz, Blut und Herz usw.

Avalokita sagt, daß unser Stück Papier leer ist, und er meint damit, daß es leer von selbständiger Existenz ist. Es kann nicht durch sich selbst sein. Es existiert nur durch die wechselseitige Durchdringung mit dem Sonnenschein, der Wolke, dem Wald, dem Holzfäller, dem Geist und allem anderen. Es ist ohne eigenständiges Selbst. Doch leer von einem eigenständigen Selbst zu sein bedeutet, erfüllt zu sein von allem. So scheinen sich unsere Beobachtung und die Avalokitas in keiner Weise zu widersprechen.

Avalokita durchschaute die fünf Skandhas der Form, der Empfindungen, der Wahrnehmungen, der geistig-psychischen Formkräfte und des Bewußtseins, und er entdeckte, daß keines von ihnen nur durch sich selbst sein kann. Sie bedingen und durchdringen einander. Also sagt er uns, daß Form leer ist. Form ist leer von einem eigenständigen Selbst, aber sie ist erfüllt von allen Phänomenen des Kosmos. Das gilt ebenso für die Empfindungen, die Wahrnehmungen, die geistig-psychischen Formkräfte und das Bewußtsein.

Der Weg des Verstehens

„*Dies durchdringend, überwand er alles Leiden.*"

Etwas zu durchdringen bedeutet, sich in etwas hineinzubegeben, nicht außerhalb davon zu bleiben. Wenn wir etwas verstehen möchten, sollten wir es nicht nur beobachten. Wir sollten tief hineintauchen und eins sein damit, um wirklich zu verstehen. Möchten wir einen Menschen verstehen, so müssen wir seine Gefühle fühlen, sein Leiden leiden und seine Freude genießen. Durchdringen ist ein ausgezeichnetes Wort, dies zu beschreiben.

In der englischen Sprache gibt es das Verb „to comprehend", „begreifen". Es ist gebildet aus der lateinischen Vorsilbe „cum", „eins sein mit", und dem Infinitiv „prehendere", „aufnehmen" oder ergreifen.

Etwas zu begreifen bedeutet also, dieses Etwas zu ergreifen und eins damit zu sein. Es gibt keinen anderen Weg, etwas zu verstehen. Betrachten wir das Stück Papier als Beobachter von außen, so können wir es nicht vollständig verstehen. Wir müssen es durchdringen, die Wolke *sein*, der Sonnenschein *sein*, der Holzfäller *sein*. Wenn wir es so erfassen und alles sind, was in ihm ist, wird unser Verstehen des Stück Papiers vollkommen sein.

Es gibt eine alte Geschichte über ein Salzkorn, das wissen wollte, wie salzig das Meer eigentlich ist. Um dies in Erfahrung zu bringen, sprang es ins Meer und wurde eins mit dem Wasser. Auf diese Weise erlangte das kleine Salzkorn vollkommenes Verstehen.

Wir sind um Frieden bemüht und möchten die Sowjetunion verstehen, daher dürfen wir sie nicht nur von außen betrachten. Wir müssen eins sein mit einem russischen Bürger, um seine Empfindungen, seine Wahrnehmungen, seine geistig-psychischen Formkräfte zu verstehen. Wir müssen eins sein mit ihm oder ihr, um wirklich zu begreifen. Das ist buddhistische Meditation - zu durchdringen, eins-zu-sein, um wirkliches Verstehen zu erlangen. Jedes sinnvolle Wirken für Frieden muß das Prinzip der Nicht-Dualität, das Prinzip wirklichen Be-greifens beachten und verwirklichen.

In dem *Sutra der Vier Grundlagen der Achtsamkeit* empfahl uns der Buddha, all-durchdringend wahrzunehmen. Er sagte, wir sollten im Körper verweilend den Körper betrachten, in den Empfindungen verweilend die Empfindungen betrachten, in den geistig-psychischen Formkräften verweilend die geistig-psychischen Formkräfte betrachten. Warum benutzt er diese Art der Wiederholung? Um hervorzuheben, daß ihr in das, was ihr zu beobachten und verstehen wünscht, ein-gehen müßt, um eins damit zu sein.

Atomwissenschaftler drücken sich heute ähnlich aus. Wenn ihr die Welt der Elementarteilchen erforscht, müßt ihr zu ihrem Teilnehmer werden, um etwas zu verstehen. Ihr könnt nicht länger außen stehen und nur Be-

obachter bleiben. Daher bevorzugen heutzutage viele Wissenschaftler das Wort „Teilnehmer" anstelle des Wortes „Beobachter."
In unserem Bemühen, einander zu verstehen, sollten wir ähnlich denken und handeln. Zwei Menschen, z.B. Ehemann und Ehefrau, die einander verstehen möchten, müssen förmlich in die Haut der anderen Person schlüpfen, um zu fühlen wie sie, sonst können sie nicht wirkliches Verständnis füreinander haben.

Im Lichte buddhistischer Meditation ist Liebe ohne Verstehen unmöglich. Ihr könnt niemanden lieben, wenn ihr sie oder ihn nicht begreifen könnt. Wenn ihr nicht versteht, aber liebt, dann kann man dies nicht Liebe nennen, es ist dann etwas anderes. In seiner Meditation drang Avalokita tief in die fünf Skandhas ein. Indem er eintauchte in den Strom der Form, der Empfindungen, der Wahrnehmungen, der geistig-psychischen Formkräfte und den Strom des Bewußtseins, entdeckte er ihre leere Natur, und plötzlich überwand er alles Leiden.
  Wir alle, die wir diese Art der Befreiung erlangen möchten, müssen durch-schauen, um die wahre Natur der Leerheit zu durchdringen.

Nur dank der Leerheit ist alles möglich

"Höre, Shariputra, Form ist Leerheit, Leerheit ist Form, Form ist nichts anderes als Leerheit, Leerheit ist nichts anderes als Form. Dasselbe gilt für Empfindungen, Wahrnehmungen, geistige Formkräfte und Bewußtsein."

Form ist die Welle und Leerheit ist das Wasser. Mit Hilfe dieser Vorstellung könnt ihr verstehen. Die Inder sprechen eine Sprache, deren Bilder uns irritieren können, aber wir müssen ihre Ausdrucksweise begreifen, um sie wirklich zu verstehen. Wenn wir im Westen einen Kreis zeichnen, so symbolisiert er für uns die Null, das Nichts. In Indien hingegen symbolisiert ein Kreis Ganzheit, Totalität. Die Bedeutung ist gegenteilig.

„Form ist Leerheit, Leerheit ist Form." Auf unsere Vorstellungen übertragen bedeutet das: Welle ist Wasser, Wasser ist Welle. „Form ist nichts anderes als Leerheit, Leerheit ist nichts anderes als Form. Dasselbe gilt für Empfindungen, Wahrnehmungen, geistige Formkräfte und Bewußtsein", denn diese fünf Skandhas enthalten einander. Weil ein Skandhas existiert, existieren alle.

In der vietnamesischen Literatur gibt es zwei Zeilen in dem Gedicht eines Zen-Meisters der Ly Dynastie (zwölftes Jahrhundert), die folgendermaßen lauten:

> Wenn *es* existiert, dann existiert
> ein einziges Staubkorn.
> Wenn *es* nicht existiert, dann existiert
> der gesamte Kosmos nicht.

Der Zen-Meister drückte damit aus, daß die Vorstellungen von Existenz und Nicht-Existenz nur durch unseren Geist geschaffen sind.

Er sagte auch: „Der gesamte Kosmos kann auf der Spitze eines Haares Platz finden, und Sonne und Mond können in einem Senfkorn erblickt werden. "

Dies sind Bilder, die uns zeigen, daß eins alles enthält und alles nur eins ist. Ihr wißt sicher, daß die moderne Naturwissenschaft erkannt hat, daß nicht nur Materie und Energie eins sind, sondern daß auch Materie und Raum eins sind. Und nicht nur Materie und Raum sind eins, sondern Materie, Raum und Geist sind eins, denn der Geist ist darin enthalten.

Weil Form Leerheit ist, ist Form überhaupt möglich. In der Form finden wir alles andere - Empfindungen, Wahrnehmungen, geistig-psychische Formkräfte und Bewußtsein. Leerheit bedeutet, leer von einem eigenständigen Selbst zu sein; bedeutet, voll von allem, erfüllt von Leben zu sein. Das Wort „Leerheit" sollte uns daher nicht erschrecken, es ist ein wundervolles Wort. Leer zu sein heißt nicht, nicht-existent zu sein. Wenn das Stück Papier nicht leer wäre, wie könnten dann der Sonnenschein, der Holzfäller und der Wald in ihm enthalten sein? Wie könnte es dann ein Stück Papier sein? Die

Schale muß, um leer zu sein, da-sein. Form, Empfindungen, Wahrnehmungen, geistig-psychische Formkräfte und Bewußtsein müssen, um leer von eigenständigem Selbst zu sein, existieren.

Leerheit ist die Grundlage von allem. Dank der Leerheit ist alles möglich. Dies ist eine wichtige Aussage Nagarjunas, eines buddhistischen Philosophen des zweiten Jahrhunderts. Leerheit ist tatsächlich eine optimistische Vorstellung. Wenn ich nicht leer wäre, könnte ich nicht sein, und wenn ihr nicht leer wäret, könntet ihr nicht sein. Weil ihr seid, kann auch ich sein. Das ist die wahre Bedeutung von Leerheit. Form hat keine selbständige Existenz, und Avalokita möchte, daß wir diesen Punkt verstehen.

Dank der Leerheit sind wir lebendige Wesen und können atmen und denken. Leer zu sein bedeutet, lebendig zu sein, ein- und auszuatmen. Wir könnten nicht lebendig sein, wenn wir nicht leer wären. Leerheit ist Unbeständigkeit, steter Wandel. Wir sollten uns nicht über Unbeständigkeit beklagen, denn ohne sie ist nichts möglich.

Ein englischer Buddhist, mit dem ich sprach, bedauerte, daß das Leben leer und unbeständig ist. Er war seit fünf Jahren Buddhist und hatte sehr viel über Leerheit und Unbeständigkeit nachgedacht. Er erzählte mir, daß seine vierzehnjährige Tochter eines Tages zu ihm sagte: „Bitte, Vater, beklage dich nicht über die Unbeständigkeit, denn wie könnte ich ohne sie überhaupt wachsen!" Natürlich hat sie recht. Wenn ihr ein Getreidekorn in die Erde einpflanzt, so hofft ihr, daß daraus eine große Getreidepflanze wird. Gäbe es keine Unbeständigkeit, so bliebe das Getreidekorn für immer ein Getreidekorn, ihr hättet niemals eine Ähre und könntet niemals Getreide essen. Unbeständigkeit ist die entscheidende Voraussetzung für alles Leben. Anstatt uns über sie zu beklagen, sollten wir sie feiern und sagen: „Hoch lebe die Unbeständigkeit!" Dank der Unbeständigkeit ist alles möglich. Das ist eine sehr optimistische Sichtweise. Das gleiche gilt für die Leerheit; sie ist wichtig, denn ohne Leerheit ist nichts möglich. So sollten wir ebenfalls sagen: „Hoch lebe die Leerheit!"

Leerheit ist die Basis von allem. Dank der Leerheit ist Leben nur möglich. Und alle fünf Skandhas folgen demselben Prinzip.

Auch ein Blatt wird nicht vergehen

„*Höre Shariputra, alle Dharmas sind durch Leerheit gekennzeichnet, weder entstehen sie, noch vergehen sie.*"

Der Begriff Dharma hat im Buddhismus verschiedene Bedeutung. Hier sind damit die Dinge und Phänomene der Welt gemeint. Ein Mensch ist ein Dharma; ein Baum, eine Wolke, der Sonnenschein sind Dharmas. Alles, was vorstellbar ist, ist ein Dharma. Wenn wir also sagen: „Alle Dharmas sind durch Leerheit gekennzeichnet", so drücken wir aus, daß die Eigen-Natur von allem Leerheit ist. Und darum kann alles sein. Es liegt eine große Freude in dieser Aussage, denn sie besagt, daß nichts geboren werden und nichts sterben kann. Avalokita hat hier etwas außerordentlich wichtiges gesagt.

Tagtäglich sind wir mit Geburt und Tod konfrontiert. Wenn ein Mensch geboren wird, so wird eine Geburtsurkunde für ihn ausgestellt; nachdem er gestorben ist, wird eine Sterbeurkunde erstellt, damit man ihn begraben kann. Diese Urkunden bestätigen die Existenz von Geburt und Tod. Aber Avalokitesvara sagte: „Nein, es gibt keine Geburt und keinen Tod!"

Wir müssen genauer hinschauen, um zu sehen, ob seine Aussage richtig ist. Welcher Tag ist der Tag, an dem ihr geboren wurdet, euer Geburtstag? Habt ihr bereits vor diesem Tag existiert? Wart ihr schon da, bevor ihr geboren wurdet? Laßt mich euch helfen: Geboren zu werden bedeutet, daß ihr aus nichts zu etwas werdet.

Meine Frage lautet also: Habt ihr vor eurer Geburt bereits existiert?

Angenommen, eine Henne legt gerade ein Ei. Glaubt ihr, daß das Ei schon da ist, bevor die Henne es legt? Natürlich ist es das; es ist innerhalb ihres Körpers. Auch ihr selbst wart zunächst innerhalb eines Körpers, bevor ihr außerhalb existiertet. Das bedeutet, daß ihr vor eurer Geburt existiert habt - und zwar innerhalb eurer Mutter. Tatsache ist, daß, wenn etwas bereits da ist, es keines Geboren-werdens mehr bedarf, denn geboren zu werden bedeutet, daß ihr aus nichts zu etwas werdet. Wenn ihr aber bereits etwas seid, welchen Sinn hat es dann, von Geburt zu sprechen? So ist euer sogenannter Geburtstag in Wirklichkeit ein Tag der Kontinuität. Feiert ihr ihn das nächste Mal, könnt ihr sagen: „Herzlichen Glückwunsch zum Tag der Kontinuität."

Ich denke, daß wir eine genauere Vorstellung davon entwickeln sollten, wann wir geboren wurden. Gehen wir neun Monate zurück zum Zeitpunkt unserer Zeugung, so haben wir ein besseres Datum gefunden, das auf unserer Geburtsurkunde stehen sollte. Wenn in China, wie auch in Vietnam, ein Kind geboren wird, sagt man, daß es bereits ein Jahr alt ist. Darin drückt sich aus, daß unser Sein mit unserer Zeugung im Leib der Mutter beginnt, und wir schreiben dieses Datum auf unsere Geburtsurkunde.

Doch bleibt die Frage weiterhin bestehen: Habt ihr bereits vor diesem Tag existiert oder nicht? Ja, auch davor wart ihr bereits da, vielleicht halb in eurem Vater,

halb in eurer Mutter, denn aus nichts können wir niemals zu etwas werden.
Könnt ihr auch nur irgendetwas nennen, das einst nichts war? Eine Wolke? Glaubt ihr, daß eine Wolke aus nichts geboren werden kann? Bevor sie zur Wolke wurde, war sie bereits Wasser, das vielleicht als ein Fluß dahinströmte. Sie war nicht nichts. Seid ihr einverstanden damit?
Wir können uns nicht die Geburt von irgendetwas vorstellen, denn es gibt nur ein Fortdauern.

Bitte schaut noch weiter zurück, und ihr werdet sehen, daß ihr nicht nur in eurer Mutter, in eurem Vater existiertet, sondern auch schon in euren Großeltern und Urgroßeltern. Und wenn ich noch genauer hinsehe, kann ich entdecken, daß ich in einem früheren Leben eine Wolke war. Das ist keine poetische Vision, sondern wissenschaftliche Realität. Warum sage ich, daß ich in einem früheren Leben eine Wolke war? Weil ich auch jetzt noch eine Wolke bin! Ohne die Wolke könnte ich nicht sein. In diesem Augenblick bin ich die Wolke, der Fluß und die Luft, und daher weiß ich, daß ich in der Vergangenheit die Wolke, der Fluß und die Luft war. Und ich war ein Felsen; ich war die Mineralien im Wasser.

Das hat nichts mit einem Glauben an Reinkarnation zu tun, sondern ist die Geschichte des Lebens auf der Erde. Wir sind Gase gewesen, Sonnenschein, Wasser, Pilze und Pflanzen. Wir sind winzige Einzeller gewesen. Der Buddha sagte, er sei in einem früheren Leben ein Baum gewesen. Er war ein Fisch; er war ein Hirsch. Dies sind keine Mythen oder Legenden. Jeder von uns ist eine Wolke gewesen, ein Hirsch, ein Vogel, ein Fisch, und wir haben nie aufgehört, all dies zu sein.

Das gilt nicht nur für das Entstehen der Dinge. Nichts kann geboren werden, und daher kann auch nichts sterben. Das ist, was Avalokita ausdrücken wollte. Glaubt ihr, daß eine Wolke sterben kann? Zu sterben bedeutet, daß ihr aus etwas zu nichts werdet. Denkt ihr, daß wir etwas zunichte machen können? Laßt uns zu unserem Stück Papier zurückkehren. Wir haben vielleicht die Illusion, daß wir, um es zu vernichten, nichts anderes zu tun haben, als ein Streichholz anzuzünden und es zu verbrennen. Doch wenn wir dieses Stück Papier verbrennen, so wird ein Teil von ihm zu Rauch, und der Rauch wird emporsteigen und weiterhin sein.

Die Hitze, die durch das brennende Papier erzeugt wird, breitet sich im Kosmos aus und durchdringt die Dinge, denn die Hitze ist das nächste Leben des Papieres. Die Asche, die zurückbleibt, wird Teil des Erdbodens werden, und das Stück Papier kann so in seinem nächsten Leben zugleich eine Wolke und eine Rose sein. Wir müssen sehr sorgfältig und aufmerksam sein, um wirklich zu erkennen, daß dies Stück Papier niemals geboren wurde und daß es niemals sterben wird. Es kann andere Daseinsformen annehmen, doch sind wir nicht in der Lage, ein Stück Papier in Nichts zu verwandeln.

Das gilt für alles, auch für euch, auch für mich. Wir sind nicht der Geburt und dem Tod unterworfen. Zen-

Meister geben ihren Schülern oft als Meditationsthema: „Was war dein ursprüngliches Gesicht, bevor deine Eltern geboren wurden?"

Dies ist eine Einladung, auf eine Reise zu gehen, um euch selbst zu erkennen. Wenn ihr sie annehmt, könnt ihr sowohl eure früheren als auch eure zukünftigen Leben sehen.

Erinnert euch bitte daran, daß wir hier nicht über Philosophie sprechen, sondern über die Wirklichkeit selbst. Betrachtet eure Hand und fragt euch: „Seit wann gibt es meine Hand schon?" Wenn ich meine Hand sehr genau anschaue, kann ich sehen, daß sie schon sehr, sehr lange da ist, seit mehr als 300 000 Jahren schon. Ich sehe Generationen von Vorfahren in ihr, die nicht nur in der Vergangenheit, sondern noch im gegenwärtigen Moment lebendig sind. Ich bin nur die Fortdauer, und niemals bin ich gestorben. Wenn ich einst gestorben wäre, wie könnte meine Hand dann noch da sein.

Der französische Wissenschaftler Lavoisier sagte einmal: „Nichts ist geschaffen und nichts ist vernichtet." Das ist dieselbe Aussage, die wir im Herz-Sutra finden. Auch der hervorragendste Wissenschaftler ist heute nicht in der Lage, etwas, auch wenn es so winzig wie ein Staubkorn oder ein Elektron ist, in nichts umzuwandeln. Eine Form der Energie kann sich nur in eine andere Energieform wandeln, doch niemals kann sich etwas in nichts wandeln; das gilt auch für ein Staubkorn. Normalerweise sagen wir, daß Menschen aus Staub gemacht sind und zum Staub zurückkehren, und das klingt nicht besonders angenehm. Wir möchten nicht zu Staub werden, denn es gibt die Unterscheidung, daß Menschen sehr wertvoll sind, während der Staub keinerlei Wert besitzt.

Dabei wissen die Forscher noch nicht einmal, was ein Staubkorn eigentlich genau ist. Es ist noch ein Rätsel. Stellt euch einmal ein Atom dieses Staubkorns vor, um dessen Kern die Elektronen mit einer Geschwindigkeit von 288000 km pro Sekunde herumrasen. Es wird ein sehr spannendes, aufregendes Abenteuer sein, wenn wir zu einem Staubkorn geworden sind.

Manchmal haben wir den Eindruck, genau zu verstehen, was ein Staubkorn ist. Wir meinen sogar, einen Menschen zu verstehen - einen Menschen, von dem wir sagen, daß er zu Staub wird. Weil wir mit einer Person schon zwanzig oder dreißig Jahre lang leben, haben wir das Gefühl, wir wüßten alles über sie. Während sie beim Autofahren direkt neben uns sitzt, denken wir an tausend andere Dinge. Wir sind gar nicht mehr an der Gegenwart dieses Menschen interessiert. Welche Arroganz drückt sich darin aus! Dabei ist der Mensch, der dort neben uns sitzt, wirklich ein Geheimnis. Wir haben nur den Eindruck, daß wir ihn genau kennen, aber in Wirklichkeit wissen wir gar nichts.

Wenn wir mit den Augen Avalokitas sehen, dann erkennen wir, daß sogar ein Haar dieses Menschen der gesamte Kosmos ist. Ein Haar auf seinem Kopf kann für uns die Türe sein, die sich zur letztendlichen Realität hin geöffnet hat. Ein Staubkorn kann das Reine Land sein, das Himmelreich. Daß dem so ist, werdet ihr begreifen, wenn ihr erkennt, daß ihr, das Staubkorn und alle Dinge einander bedingt und durchdringt. Wir sollten bescheiden sein. Ein chinesisches Sprichwort lautet: „Sagst du, du weißt nicht, ist das der Anfang des Wissens."

An einem Herbsttag war ich in einem Park in die Betrachtung eines sehr kleinen, aber schönen Blattes versunken. Das Blatt hatte die Form eines Herzens. Es war rötlich und hing gerade noch an einem Zweig, bereit, schon bald abzufallen.

Ich verbrachte eine lange Zeit mit diesem Blatt und stellte ihm sehr viele Fragen. Ich fand heraus, daß das Blatt für den Baum eine Mutter gewesen war. Normalerweise denken wir, daß der Baum die Mutter ist und die Blätter nur ihre Kinder sind. Doch als ich dieses Blatt betrachtete, sah ich, daß auch es eine Mutter für den Baum war. Der Saft, den die Wurzeln dem Boden entnehmen, besteht nur aus Wasser und Mineralien und enthält nicht genug Nährstoffe für den Baum; und so verteilt der Baum diesen Saft in die Blätter. Und die sind verantwortlich dafür, den nährstoffarmen Saft mit Hilfe der Sonne und des Stickstoffs in einen reichhaltigen Saft zu verwandeln und ihn in den Baum zurückzuleiten. So nähren sie den Baum. Daher sind die Blätter für den Baum auch eine Mutter, und da sie mit dem Baum durch ihre Stiele verbunden sind, ist die Verbindung zwischen ihnen leicht einsehbar.

Wir haben keinen solchen Stiel mehr, der uns mit unserer Mutter verbindet, doch als wir noch in ihrem Leib waren, verband uns eine lange Nabelschnur miteinander, und der Sauerstoff und die Nahrung, die wir benötigten, wurden uns durch diese Schnur zugeführt.

Unglücklicherweise wurde sie an dem Tag, den wir unseren Geburtstag nennen, durchtrennt, und so konnten wir die Illusion entwickeln, unabhängig zu sein. Das ist ein Fehler, denn noch für eine sehr lange Zeit stützen und verlassen wir uns auf unsere Mutter, und gleichzeitig haben wir noch viele andere Mütter, mit denen wir verbunden sind.

Die Erde ist unsere Mutter, und viele Nabelschnüre verbinden uns mit ihr. Auch mit den Wolken sind wir verbunden, denn wenn es sie nicht gäbe, hätten wir kein Wasser, das wir trinken könnten. Wir selbst bestehen zu mehr als siebzig Prozent aus Wasser, und die Verbindung zwischen uns und der Wolke besteht wirklich. Das gilt ebenso für unsere Verbindung zum Fluß, dem Holzwald, dem Holzfäller und dem Bauern. Wir sind auf diese Weise mit allen Phänomenen des Kosmos verbunden, und nur darum können wir sein.

Siehst Du das Bindeglied zwischen Dir und mir? Wenn Du nicht wärst, könnte ich nicht sein. Das ist sicher. Wenn ihr dies noch nicht erkennt, so schaut genauer hin, und ich bin sicher, ihr werdet es sehen. Wie ich schon sagte, sind dies keine philosophischen Spekulationen. Ihr müßt es wirklich sehen.

Ich fragte dann das Blatt, ob es sich fürchte, denn es war Herbst, und die meisten anderen Blätter waren schon herabgefallen. Das Blatt erzählte mir: „Nein, ich fürchte mich nicht." Während des ganzen Frühlings und Sommers war ich sehr lebendig. Ich arbeitete sehr hart und half mit, den Baum zu nähren, und vieles von mir ist nun in diesem Baum. Bitte sage nicht, daß ich nur diese Form bin, denn die Blattform ist nur ein winziger Teil von mir. Ich bin der ganze Baum, und ich weiß, daß ich bereits innerhalb des Baumes bin, und wenn ich zum Erdboden zurückkehre, werde ich auch weiterhin den Baum nähren. Darum bin ich auch nicht beunruhigt; wenn ich den Ast verlasse und auf den Boden herabsinke, werde ich dem Baum zuwinken und ihm sagen: „Ich werde dich schon sehr bald wiedersehen."

Plötzlich erkannte ich hier eine Weisheit, die jener des Herz-Sutras so sehr gleicht. Ihr müßt das Leben sehen. Ihr solltet nicht vom Leben eines Blattes sprechen, sondern vom Leben *in* einem Blatt und Leben *in* einem Baum. Mein Leben ist nichts als Leben, ihr könnt es in mir und in dem Baum sehen.

An diesem Tag blies ein leichter Wind, und nach einer Weile sah ich, wie sich das Blatt von dem Ast löste und in einem freudigen Tanz zum Erdboden schwebte; und das Blatt sah, während es noch in der Luft umhertanzte, daß es bereits in diesem Baum war. Es war sehr glücklich. Ich verbeugte mich und wußte, daß wir von diesem Blatt sehr viel lernen können - denn es hatte keine Angst - es wußte, daß nichts geboren wird und nichts sterben wird. Auch die Wolke am Himmel wird sich nicht fürchten. Wenn die Zeit kommt, wird die Wolke zu Regen werden.

Es macht sicher Spaß, Regen zu werden, singend herabzuprasseln auf die Erde und Teil des Mississipi, des Amazonas oder Mekong zu werden, oder auf Gemüse herabzurieseln und später Teil eines Menschen zu werden. Es scheint mir ein sehr aufregendes Abenteuer zu sein. Die Wolke weiß, daß, wenn sie auf die Erde regnet, sie Teil des Ozeans werden kann, und daher hat sie keinerlei Furcht.

Nur Menschen fürchten sich. Die Welle auf dem Meer hat einen Anfang und ein Ende, eine Geburt und einen Tod. Doch Avalokitesvara sagt uns, daß die Welle leer ist. Die Welle ist erfüllt von Wasser, aber sie ist ohne eigenständiges Selbst. Die Welle ist eine Form, die möglich geworden ist durch die Existenz und das Zusammenspiel von Wind und Wasser. Sieht eine Welle allein nur ihre Form, mit ihrem Anfang und ihrem Ende, so wird sie sich vor Geburt und Tod fürchten. Aber wenn sie erkennt, daß sie Wasser ist und sich selbst vollständig mit dem Wasser identifiziert, dann wird sie befreit sein von Leben und Tod. Jede Welle ist geboren und wird sterben, doch das Wasser ist frei von Leben und Tod.

Als Kind spielte ich häufig mit einem Kaleidoskop. Ich hatte eine Röhre und ein paar Stücke geschliffenen Glases, und wenn ich die Röhre ein wenig drehte, sah ich viele wunderschöne Bilder. Jedesmal, wenn ich sie mit meinen Fingern etwas bewegte, verschwand ein Bild und ein anderes erschien. Ich weinte niemals, wenn das erste Bild verschwunden war, denn ich wußte, daß nichts verloren war; jedesmal folgte ein anderes, schönes Bild. Wenn ihr die Welle seid, eins mit dem Wasser, und die Welt mit den Augen des Wassers betrachtet, dann fürchtet ihr euch nicht, auf und ab zu tanzen.

Gebt euch jedoch bitte weder mit Spekulationen zufrieden noch verlaßt euch auf meine Worte! Ihr selbst müßt es ergründen, durchdringen und eins sein damit. Dies kann durch Meditation geschehen, die wir nicht nur in der Meditationshalle, sondern in unserem täglichen Leben üben können. Während ihr ein Essen zubereitet, das Haus säubert, oder einen Spaziergang macht, könnt ihr die Dinge betrachten und versuchen, sie im Lichte der Leerheit zu sehen. Leerheit ist ein überaus optimistisches Wort und in keiner Weise pessimistisch. Als Avalokita in seiner tiefen Meditation über Vollkommenes Verstehen fähig war, die Natur der Leerheit zu erkennen, überwand er plötzlich alle Angst und alles Leiden.

Ich habe Menschen gesehen, die sehr friedvoll starben, mit einem Lächeln auf dem Gesicht, denn sie sahen, daß Geburt und Tod nur Wellen sind, die sich an der Oberfläche des Meeres kräuseln; daß Geburt und Tod nur Bilderfolgen in einem Kaleidoskop sind.

Es gibt so vieles, was wir von der Wolke, dem Wasser, der Welle, dem Blatt und dem Kaleidoskop lernen können; wie auch von allen anderen Dingen des Kosmos.

Wenn ihr alles sorgfältig betrachtet, euch in die Dinge vertieft, dann werdet ihr das Geheimnis der wechselseitigen Durchdringung aller Phänomene entdecken, und wenn ihr es enthüllt habt, werdet ihr nicht länger der Angst unterworfen sein - der Angst vor Geburt oder der Angst vor dem Tod. Geburt und Tod sind nur Ideen und Vorstellungen in unserem Geist und nicht die Wirklichkeit selbst. Es ist dies wie mit unserer Vorstellung von oben und unten. Wir sind uns sehr sicher, daß wir nach oben zeigen, wenn wir unsere Hand erheben, und nach unten, wenn wir in umgekehrte Richtung deuten. Der Himmel ist oben - die Hölle ist unten.

Doch werden uns die Menschen, die genau auf der anderen Seite unseres Planeten leben, energisch widersprechen. Wir sehen, daß die Idee von oben und unten nicht der Wirklichkeit des Kosmos angemessen ist, ebensowenig wie das die Vorstellung von Geburt und Tod ist.

Bitte schaut immer weiter zurück, und ihr werdet schließlich sehen, daß ihr schon immer hier wart. Laßt uns die Dinge gemeinsam betrachten, laßt uns das Leben eines Blattes durchdringen, so daß wir eins sind mit ihm. Laßt uns eins sein mit der Wolke, eins sein mit der Welle, sie durchdringen und so unsere eigene Natur als Wasser erkennen und verwirklichen und damit frei sein von jeder Angst. Wenn wir dies sehr tief ergründen, werden wir Geburt und Tod transzendieren.

Auch Morgen werde ich noch sein. Aber ihr werdet sehr aufmerksam sein müssen, um mich zu sehen. Ich werde eine Blume sein oder ein Blatt. Ich werde in diesen Formen sein und euch begrüßen. Wenn ihr aufmerksam genug seid, werdet ihr mich erkennen und vielleicht werdet ihr mich auch grüßen. Darüber würde ich sehr glücklich sein.

Der Abfall und die Rose

„Sie sind weder rein noch unrein."

Unrein oder rein; schmutzig oder sauber - das sind Vorstellungen, die wir in unserem Geist formen. Eine schöne Rose, die wir gerade geschnitten und in unsere Vase gestellt haben, gilt uns als makellos. Sie duftet so wunderbar frisch und gut, und all das unterstützt unsere Idee von Reinheit.

Bei einem Abfalleimer sieht das ganz anders aus. Er stinkt schrecklich und ist gefüllt mit verfaulten, verdorbenen Dingen. Doch ist dies nur eine oberflächliche Sichtweise. Wenn ihr genauer hinschaut, seht ihr, daß die Rose in einigen Tagen Teil des Abfalls sein wird. Aber ihr müßt keine fünf Tage warten, um das zu sehen. Wenn ihr die Rose sehr genau betrachtet, könnt ihr es auch jetzt schon erkennen. Schaut ihr in den Abfalleimer hinein, so seht ihr, daß sich sein Inhalt in einigen Monaten in Gemüse oder auch eine Rose verwandelt haben kann.

Seid ihr gute biologische Gärtner und habt die Augen eines Bodhisattvas, so könnt ihr, die Rose betrachtend, den Abfall sehen, und wenn ihr den Abfall betrachtet, so seht ihr die Rose darin. Die Rose und der Abfall bedingen und durchdringen einander. Ohne die Rose kann es keinen Abfall geben, und ohne den Abfall kann keine Rose erblühen. Sie brauchen einander sehr und sind sich gleichwertig; der Abfall ist ebenso kostbar wie die Rose. Wenn wir die Vorstellungen von Unreinheit und Reinheit ganz genau untersuchen, so sind wir wieder bei dem Aspekt des gegen-seitigen Durchdringens und Bedingens aller Phänomene angelangt, dem „Inter-Sein."

Im *Majjhima Nikaya* gibt es eine sehr kurze Passage darüber, wie die Welt entstanden ist. Sie ist sehr einfach, sehr leicht zu verstehen und doch sehr tiefgründig. Es heißt dort: „Dies ist, weil jenes ist. Dies ist nicht, weil jenes nicht ist. Dies ist so, weil jenes so ist." Das ist die buddhistische Lehre von der Entstehung der Welt.

In Manila gibt es viele junge Prostituierte; manche von ihnen sind höchstens vierzehn oder fünfzehn Jahre alt. Meist sind es sehr unglückliche junge Frauen, denn sie wollten nie Prostituierte werden; doch ihre Familien sind sehr arm, und so gingen diese jungen Mädchen eines Tages in die Stadt, um sich einen Job, z. B. als Straßenverkäuferinnen, zu suchen. Mit dem verdienten Geld versuchen sie nun ihre Familien zu unterstützen. Natürlich gibt es das nicht nur in Manila, sondern ebenso in Ho Chi Minh-Stadt, New York oder Paris.

Es ist wahr, daß man in der Stadt sehr viel leichter Geld verdienen kann als auf dem Land, und so können wir uns gut vorstellen, daß eine junge Frau sich überlegt, dort hinzugehen, um ihrer Familie zu helfen. Und dann wird sie eines Tages von einer raffinierten Person überredet, doch für sie zu arbeiten und dadurch hundertmal mehr zu verdienen. Und weil sie noch so jung ist und noch nicht viel vom Leben weiß, willigt sie ein und wird Prostituierte. Seit dieser Zeit trägt sie das Gefühl, unrein und beschmutzt zu sein, in sich, und es verursacht ihr großes Leiden. Wenn sie dann andere junge Mädchen sieht, die schön gekleidet sind und aus wohlhabenden Familien stammen, fühlt sie sich besonders unglücklich, und das Gefühl ihrer Beschmutzung ist zu ihrer eigenen Hölle geworden.

Doch wenn sie die Möglichkeit hätte, Avalokita zu treffen und mit ihm zu sprechen, dann würde er ihr sagen, daß sie sich und die gesamte Situation genau betrachten solle, um zu erkennen, daß sie so ist, weil andere Menschen so sind.

„Dies ist so, weil jenes so ist." Wie kann dann ein sogenanntes anständiges Mädchen, das einer guten Familie entstammt, stolz darauf sein? Weil ihre Lebensweise so ist, muß das andere Mädchen so leben. Niemand von uns hat saubere Hände. Niemand von uns kann behaupten, daß es nicht unsere eigene Verantwortung ist. Das Mädchen in Manila lebt so, wegen der Art unseres Seins. Betrachten wir das Leben dieser jungen Prostituierten, so sehen wir all die Nicht-Prostituierten, und betrachten wir die Nicht-Prostituierten und die Art und Weise, wie wir unser Leben leben, so sehen wir die Prostituierten darin. Dies hilft, jenes zu schaffen und jenes hilft, dies zu schaffen. Betrachten wir einmal Wohlstand und Armut.

Die Überflußgesellschaft und die Armutsgesellschaft bedingen und durchdringen einnander. Der Reichtum der einen Gesellschaft besteht aus der Armut der anderen. „Dies ist so, weil jenes so ist." Reichtum besteht aus Elementen des Nicht-Reichtums, und Armut besteht aus Elementen der Nicht-Armut. Es ist so wie mit dem Stück Papier. Wir sollten daher vorsichtig sein und uns selbst nicht durch Vorstellungen beschränken. In Wahrheit ist alles auch alles andere. Wir können nicht einfach nur sein; wir können uns nur wechselseitig bedingen und durchdringen, „Inter-Sein." Und darum sind wir verantwortlich für all das, was um uns herum geschieht.

Avalokitesvara würde der jungen Prostituierten sagen: „Mein Kind, schau dich an, und du wirst alles sehen. Weil andere Menschen so sind, darum bist du so. Du bist nicht die einzige dafür verantwortliche Person, darum leide bitte nicht länger!" Nur wenn diese junge Frau sieht, daß alles einander bedingt und durchdringt, „Inter-Sein" gegeben ist, kann sie sich von ihrem Leiden befreien. Was könntet ihr anderes anbieten, um ihr zu helfen, frei zu werden?

Wir sind gefangen in unseren Vorstellungen von Gut und Böse. Wir möchten nur gut sein und alles Böse beseitigen. Wir denken so, weil wir vergessen, daß das Gute aus Elementen des Nicht-Guten besteht.

Stellt euch vor, ich halte einen wunderschönen Zweig in meinen Händen. Wenn wir ihn mit nicht-unterscheidendem Geist betrachten, so sehen wir ihn als wundervollen Zweig. Sobald wir jedoch die Unterscheidung treffen, daß das eine Ende links sei, und das andere rechts, geraten wir in Schwierigkeiten. Wir sagen vielleicht, daß wir nur die linke Seite möchten, die rechte aber nicht, und schon sind die Probleme da. Wenn es den Rechten nicht gäbe, wie könntet ihr dann Linke sein? Nehmen wir an, ich möchte nun nicht das rechte Ende des Zweiges, sondern nur das linke. Ich breche also die Hälfte dieser Wirklichkeit ab und werfe sie fort. Doch sobald ich die Hälfte fortgeworfen habe, wird das, was von dem Zweig noch übrig geblieben ist, wieder eine rechte Seite haben, denn so lange es ein linkes gibt, muß es auch ein rechtes geben. Vielleicht bin ich nun enttäuscht und versuche es erneut; ich breche den Zweig wieder in zwei Hälften und muß feststellen, daß es noch immer ein rechtes Ende des Zweiges gibt.

Das gilt auch für Gut und Böse. Man kann nicht nur gut sein und hoffen, das Böse beseitigen zu können, denn dank des Bösen existiert das Gute und umgekehrt existiert das Böse dank des Guten. Inszeniert ihr ein Theaterstück mit einem Helden, so müßt ihr auch einen Gegenspieler schaffen, damit der Held ein Held sein kann. Der Buddha braucht Mara, der die Rolle des Bösen übernimmt, damit der Buddha ein Buddha sein kann. Buddha ist so leer wie ein Stück Papier, er besteht aus Nicht-Buddha Elementen. Wenn Nicht-Buddhas wie wir nicht wären, wie könnte dann ein Buddha sein? Wenn es den Rechten nicht gibt, wie können wir dann jemand einen Linken nennen?

Meiner Tradition folgend rezitiere ich jedesmal, wenn ich meine Hände zusammenlege und mich tief vor dem Buddha verbeuge, diesen kurzen Vers:

> „Einer verbeugt sich und erweist Achtung,
> und einer empfängt die Verbeugung
> und die Achtung.
> Beide sind wir leer.
> Daher ist unsere Gemeinschaft vollkommen."

Es ist nicht arrogant, in dieser Weise zu sprechen. Wenn ich nicht leer wäre, wie könnte ich mich dann vor dem Buddha verbeugen? Und wenn der Buddha nicht leer wäre, wie könnte er meine Verneigung empfangen? Der Buddha und ich durchdringen einander. „Inter-Sein" vom Ich und Buddha. Buddha besteht aus Nicht-Buddha-Elementen wie mir; und ich bestehe aus Nicht-Ich-Elementen wie dem Buddha. Das Subjekt und das Objekt der Verehrung sind also beide leer. Wie kann es ohne Objekt ein Subjekt geben?

Im Westen hat man viele Jahre lang mit dem Problem des Bösen gekämpft. Warum, so fragt man sich, muß es das Böse geben? Es scheint, daß das für einen Abendländer nur schwer zu verstehen ist.

Doch im Lichte der Nicht-Dualität gibt es kein Problem: Sobald die Vorstellung eines Guten besteht, existiert auch die Idee eines Bösen. Buddha bedarf Maras, um er selbst sein zu können und umgekehrt. Wenn ihr die Wirklichkeit in dieser Weise wahrnehmt, werdet ihr nicht um der Rose willen den Abfall geringschätzen; ihr werdet beides wertschätzen.

Ergreift keine Partei, denn wenn ihr Partei ergreift, so versucht ihr die Hälfte der Wirklichkeit auszuschließen, und das ist unmöglich. Über viele Jahre hinweg haben die Vereinigten Staaten versucht, die Sowjetunion als die böse Seite zu bezeichnen. Manche Amerikaner haben sogar die Illusion, sie könnten ohne die andere Hälfte überleben.

Aber es ist dasselbe wie zu glauben, die rechte Seite könne ohne die linke existieren. In der Sowjetunion bestehen die gleichen Vorstellungen. Dort wird gesagt, daß die amerikanischen Imperialisten die schlechte Seite sind und ausgeschaltet werden müssen, um das Glück in der Welt zu ermöglichen. Doch ist das eine dualistische Art und Weise, die Dinge zu betrachten. Wenn wir Amerika sehr genau anschauen, so sehen wir die Sowjetunion; und wenn wir die Sowjetunion genau betrachten, sehen wir Amerika. Durch-schauen wir die Rose, so sehen wir den Abfall, durch-schauen wir den Abfall, so sehen wir die Rose.

In der gegenwärtigen internationalen Situation gibt jede Seite vor, die Rose zu sein und bezeichnet die andere Seite als Abfall. Doch: „dies ist, weil jenes so ist." Und so müßt ihr für das Überleben der anderen Seite Sorge tragen, wenn ihr selbst überleben wollt.
    Es ist wirklich sehr einfach; Überleben kann nur die Menschheit als Ganzes, und nicht bloß ein Teil von ihr. Und wir wissen jetzt, daß dies nicht nur von den Vereinigten Staaten und der Sowjetunion erkannt werden muß, sondern auch von den Ländern des Nordens und

Südens. Wenn der Süden nicht überleben kann, wird auch der Norden zugrunde gehen. Können die Länder der sogenannten Dritten Welt ihre Schulden nicht mehr bezahlen, werdet ihr auch hier im Norden darunter zu leiden haben. Wenn ihr nicht für die Dritte Welt Sorge tragt, wird auch euer Wohlergehen davon berührt, und ihr werdet nicht in der Lage sein, weiterhin so zu leben, wie ihr es gewohnt seid.

Das wird schon heute vielerorts sichtbar. Hofft also nicht darauf, die böse Seite eliminieren zu können. Es ist leicht zu meinen, daß wir auf der guten Seite sind, und die andere Seite das Übel sind. Doch Wohlstand beruht auf Armut, und Armut beruht auf Wohlstand. Das ist eine ganz klare Sicht von Wirklichkeit. Wir müssen nicht in die Ferne schauen, um zu sehen, was wir zu tun haben. Die Bürger der Sowjetunion und die der Vereinigten Staaten sind nur menschliche Wesen, und wir können einen Menschen nicht durch Statistiken erforschen und verstehen. Ebensowenig sollten wir diese Aufgabe den Regierungen, Politikern oder Wissenschaftlern überlassen. Wir selbst müssen sie übernehmen. Wenn ihr zu einem Verständnis der Ängste und Hoffnungen sowjetischer Bürger gelangt seid, werdet ihr auch eure eigenen Ängste und Hoffnungen verstehen können.

Nur ein vollständiges Ergründen der Realität kann uns retten; Angst kann uns nicht retten. Wir existieren nicht getrennt von anderen, sondern sind unauflösbar miteinander verwoben.

Die Rose ist der Abfall und der Nicht-Prostituierte ist die Prostituierte; der reiche Mann ist die ganz arme Frau und die Buddhistin ist der Nicht-Buddhist. Der Nicht-Buddhist kann gar nichts anderes als eine Buddhistin sein, denn wir alle bedingen und durchdringen einander.

Die junge Prostituierte wird befreit sein, wenn sie die Natur der wechselseitigen Durchdringung erkennt, und sie wird wissen, daß sie die Früchte der ganzen Welt in sich trägt. Und wenn wir in uns hineinschauen und sie sehen, dann ertragen wir ihre Schmerzen und das Leiden der ganzen Welt.

Der Mond bleibt immer der Mond.

„Weder werden sie größer, noch werden sie kleiner."

Wir sorgen uns, weil wir glauben, daß wir nach unserem Tod kein menschliches Wesen mehr sein werden. Wir werden wieder zu Staub. Mit anderen Worten, wir werden weniger, nehmen ab.

Aber das ist nicht wahr. Ein Staubkorn enthält das ganze Universum. Wenn wir so groß wären wie die Sonne und wie sie auf die Erde herabblicken könnten, dann würde uns die Erde völlig unbedeutend erscheinen. Wir Menschen betrachten den Staub in derselben Weise. Doch die Ideen von groß und klein sind nur Vorstellungen in unserem Geiste. Alles enthält alles andere, das ist das Gesetz der wechselseitigen Durchdringung. Dies Stück Papier enthält den Sonnenschein, den Holzfäller, den Wald, es umfaßt alle Phänomene dieser Welt, so daß die Idee, es sei klein und unbedeutend, nur unserer Vorstellung entspringt.

Wir können noch nicht einmal ein Stück Papier vernichten, ja, sind nicht imstande, auch nur irgendetwas zu vernichten. Als man Mahatma Gandhi oder Martin Luther King ermordete, hoffte man, sie dadurch gänzlich zu vernichten. Doch sind diese Menschen immer noch unter uns, vielleicht sogar mehr als zuvor, denn sie bestehen weiter in anderen Formen. In uns selbst leben sie weiter. Laßt uns daher keine Angst haben, weniger zu werden oder abzunehmen. Es ist wie mit dem Mond.

Wir sehen, wie der Mond zunimmt und abnimmt, doch er bleibt immer der Mond.

Auch der Buddha besteht aus Nicht-Buddha-Elementen

„*Daher gibt es in der Leerheit weder Form noch Empfindung, noch Wahrnehmung, noch geistige Formkraft, noch Bewußtsein; kein Auge, kein Ohr, keine Nase, keine Zunge, keinen Körper, keinen Geist; keine Form, keinen Klang, keinen Geruch; keinen Geschmack, kein Berührbares, kein Objekt des Geistes, keinen Bereich der Elemente (von den Augen bis zum Geist-Bewußtsein); kein bedingtes Entstehen und kein Erlöschen des bedingten Entstehens (von Unwissenheit bis zu Tod und Verfall); kein Leiden, keinen Ursprung des Leidens, kein Ende des Leidens und keinen Weg, kein Verstehen, kein Erlangen.*"

Dieser Satz des Sutras beginnt mit der Bekräftigung, daß die fünf Skandhas allesamt leer sind. Sie können nicht durch sich selbst existieren; jedes einzelne ist durchdrungen von allen anderen Skandhas. Der nächste Teil des Satzes besteht aus einer Aufzählung und Verneinung der achtzehn Bereiche der Elemente *(dhatus)*.

Als erstes haben wir die sechs Sinnesorgane: Augen, Ohren, Nase, Zunge, Körper und Geist. Es folgen die sechs Sinnesobjekte: Form, Klang, Geruch, Geschmack, Berührung und das Objekt des Geistes. Form ist das Objekt der Augen, Klang das Objekt der Ohren usw.

Der Kontakt zwischen den Sinnesorganen und den Sinnesobjekten bringt nun die sechs Bewußtseinselemente hervor: Sehbewußtsein, Hörbewußtsein und als letztes das Geist-Bewußtsein.

In diesem Teil des Sutras wird also gesagt, daß kein einziger Bereich der Elemente, von den Augen als dem ersten bis hin zum Geist-Bewußtsein als dem achtzehnten, durch sich selbst existieren kann; jeder Bereich existiert nur in Interdependenz und durchdrungen von allen anderen.

Im nächsten Teil wird von den zwölf Kettengliedern des Entstehens in Abhängigkeit (*pratitya samutpada*) gesprochen: Unwissenheit ist das erste, Verfall und Tod das letze Glied dieser Kette.

Auch hier wird durch Verneinung ausgedrückt, daß keines dieser zwölf Glieder durch sich selbst existieren kann. Um sein zu können, muß jedes auf das Sein der anderen vertrauen. Daher sind alle Glieder dieser Kette leer, und weil sie leer sind, existieren sie wirklich. Dasselbe Prinzip gilt auch für die Vier Edlen Wahrheiten: kein Leiden, keinen Ursprung des Leidens, kein Erlöschen des Leidens, kein Weg.

Der letzte Punkt dieser Aufzählung ist: kein Verstehen, kein Erlangen. Verstehen (*prajña*) ist das Wesen eines Buddha. „Kein Verstehen" bedeutet, daß Verstehen keine selbständige Existenz hat. Verstehen besteht aus Elementen des Nicht-Verstehens, so wie Buddha aus Nicht-Buddha-Elementen besteht.

Ich möchte euch eine Geschichte über Buddha und Mara erzählen. Eines Tages, als der Buddha sich in seine Höhle zurückgezogen hatte, stand Ananda, Buddhas Schüler und Assistent, draußen nah beim Eingang.

Plötzlich sah er Mara kommen und war darüber sehr überrascht. Er wollte das nicht und wünschte, daß Mara wieder verschwinden möge. Doch Mara kam geradewegs auf Ananda zu und bat ihn, seinen Besuch dem Buddha zu melden. Ananda sagte: „Warum bist du überhaupt hergekommen? Erinnerst du dich nicht mehr, daß der Buddha dich in alten Zeiten unter dem Bodhi-Baum besiegt hat? Schämst du dich nicht, herzukommen? Verschwinde! Der Buddha will dich nicht sehen, denn du bist böse! Du bist sein Feind!"

Als Mara das hörte, brach er in schallendes Gelächter aus. „Willst du etwa sagen, dein Lehrer habe Dir erzählt, daß er Feinde habe?", fragte er Ananda. Ananda war nun sehr verlegen, denn er wußte, daß sein Lehrer nie etwas derartiges gesagt hatte. So mußte er sich geschlagen geben und dem Buddha den Besuch Maras melden; doch hoffte er, daß der Buddha sagen würde: „Geh und erzähl Mara, daß ich nicht da bin. Sag ihm, ich sei in einer Versammlung." Doch der Buddha war sehr bewegt, als er hörte, daß Mara, dieser gute, alte Freund, gekommen war, um ihn zu besuchen. „Ist das wahr? Ist er wirklich hier?", fragte der Buddha, und er ging persönlich hinaus, um Mara zu begrüßen. Ananda war sehr bekümmert.

Der Buddha ging auf Mara zu, verbeugte sich vor ihm, nahm Maras Hände und hielt sie in den seinen. „Guten Tag, Mara! Wie geht es dir? Wie ist es dir in all dieser Zeit ergangen?" Mara sagte kein Wort, und so führte ihn der Buddha in seine Höhle, bereitete einen Platz zum Sitzen für ihn und befahl Ananda, für sie beide einen

Kräutertee zu bereiten. Ananda dachte bei sich: „Gern mache ich hundertmal am Tag Tee für meinen Meister, aber es ist wirklich kein Vergnügen, dies für Mara zu tun." Aber da sein Meister ihm das befohlen hatte, wie hätte er sich weigern können? Also begann Ananda damit, Kräutertee für den Buddha und dessen sogenannten Gast zu bereiten, doch versuchte er dabei, ihrer Unterhaltung zu lauschen. Der Buddha wiederholte sehr freundlich: „Mara, wie ist es dir ergangen? Wie sieht es aus bei dir?"

Mara sagte: „Ach, mir geht es überhaupt nicht gut. Ich habe es satt, Mara zu sein und möchte jemand anderes sein." Ananda erschrak draußen sehr, und Mara fuhr fort: „Du weißt, es ist nicht einfach, Mara zu sein. Wenn du sprichst, mußt du in Rätseln sprechen; wenn du handelst, mußt du verschlagen sein und böse gucken. Ich bin das alles sehr leid. Aber was ich am wenigsten ertragen kann, sind meine Schüler. Jetzt sprechen sie auch noch über soziale Gerechtigkeit, Frieden, Gleichheit, Nicht-Zweiheit, Gewaltlosigkeit und all so etwas. Ich habe die Nase voll davon! Ich glaube, es wäre besser, wenn ich sie alle dir übergeben würde. Und ich möchte jemand anderes sein."

Ananda begann zu zittern vor Angst, sein Meister würde sich entscheiden, die Rolle des anderen zu übernehmen. Mara würde Buddha werden und der Buddha würde Mara werden. Diese Vorstellung machte ihn sehr traurig. Der Buddha hörte sehr aufmerksam zu und war erfüllt von Mitgefühl.

Endlich sagte er mit ruhiger Stimme: „Mara, glaubst du, es ist ein Vergnügen, ein Buddha zu sein? Du hast ja keine Ahnung, wie meine Schüler mit mir umgehen! Sie legen mir Worte in den Mund, die ich niemals gesagt habe. Sie bauen prunkvolle Tempel, stellen Statuen von mir auf die Altäre, um Bananen, Orangen und süßen Reis als Gaben zu erlangen, die sie nur für sich verwenden. Sie packen mich in ihre Schubladen und machen meine Lehre zu einem Geschäft. Mara, wenn du wüßtest, was es wirklich bedeutet, ein Buddha zu sein, dann, da bin ich sicher, würdest du nicht wünschen, einer zu sein."

Und danach rezitierte der Buddha einen langen Vers, der ihre Unterhaltung zusammenfaßte.

Wir sind frei

„*Weil es kein Erlangen gibt, finden die Bodhisattvas, in vollkommenem Verstehen ruhend, keine Hindernisse in ihrem Geist. Keine Hindernisse erlebend, überwinden sie die Angst, befreien sich selbst für immer von Täuschung und verwirklichen vollkommenes Nirvana. Alle Buddhas der Vergangenheit, Gegenwart und Zukunft erlangen dank dieses vollkommenen Verstehens volle, wahre und universale Erleuchtung.*"

Diese Hindernisse sind die Ideen und Vorstellungen, die wir über Geburt und Tod, Unreinheit, Reinheit, zunehmen, abnehmen, oben, unten, innen, außen, Buddha und Mara haben. Sobald wir sehen, daß alles einander bedingt und durchdringt, sind diese Hindernisse aus unserem Geist entfernt; wir überwinden die Angst, befreien uns selbst für immer von Täuschung und verwirklichen so vollkommenes Nirvana.

Sobald die Welle erfaßt, daß sie nur Wasser und nichts als Wasser ist, erkennt sie, daß Geburt und Tod ihr nichts mehr anhaben können. Sie hat alle Formen der Angst transzendiert und damit Nirvana verwirklicht, denn vollkommenes Nirvana ist der Zustand der Nicht-Angst. Ihr seid befreit und nicht länger Geburt und Tod, Unreinheit und Reinheit unterworfen. Ihr seid befreit von alldem.

Der Weg, der von Angst befreit

„*Daher sollte man wissen, daß vollkommenes Verstehen das höchste Mantra ist, das Mantra ohnegleichen, das alles Leiden aufhebt, die unzerstörbare Wahrheit. Das Mantra der Prajñaparamita sollte daher verkündet werden. Dies ist das Mantra: Gate gate paragate parasamgate bodhi svaha.*"

Ein Mantra sind Silben oder Worte, die ihr aussprecht, wenn euer Körper, euer Geist und euer Atem in tiefer Konzentration vereint sind. Wenn ihr in dieser tiefen Konzentration ruht, durch-schaut ihr die Dinge und seht sie so deutlich wie eine Orange, die ihr in den Händen haltet.

Als Avalokitesvara sich in die fünf Skandhas vertiefte, erkannte er die Natur der wechselseitigen Durchdringung, und er überwand alles Leiden. Das befreite ihn vollständig. Aus tiefer Konzentration, großer Freude und Befreiung heraus sagte er etwas sehr wesentliches. Darum sind seine Worte ein Mantra.

Wenn zwei Menschen einander lieben, der junge Mann seine Liebe aber noch nicht erklärt hat, wartet die junge Frau vielleicht auf drei wichtige Worte von ihm. Ist der junge Mann ein sehr verantwortungsbewußter Mensch, so will er möglicherweise seiner Gefühle ganz sicher sein, und er wartet eine lange Zeit, bis er sie ausspricht. Dann, eines Tages, sitzen sie zusammen in einem Park, niemand ist in ihrer Nähe, alles ist ruhig und friedlich, und nachdem beide längere Zeit geschwiegen haben, spricht er diese drei Worte aus. Die junge Frau ist sehr bewegt, als sie die Worte hört, denn für sie ist es eine ungemein bedeutsame Aussage.

Wenn ihr etwas so Wichtiges mit eurem ganzen Wesen ausdrückt, nicht bloß mit eurem Mund oder eurem Intellekt, sondern mit allen Fasern eures Seins, dann kann das die Welt verändern. Eine Aussage, die diese Kraft der Transformation besitzt, wird ein Mantra genannt.

Avalokitesvaras Mantra lautet: „*Gate gate paragate parasamgate bodhi svaha.*" *Gate* bedeutet gegangen. Gegangen vom Leiden zur Befreiung vom Leiden, von Achtlosigkeit zu Achtsamkeit, von Dualität zu Nicht-Dualität.

Gate gate heißt gegangen, gegangen. *Paragate* bedeutet, den Weg gänzlich bis zum anderen Ufer gegangen zu sein. Das Mantra sagt sehr nachdrücklich: Gegangen, gegangen, den ganzen Weg hinübergegangen.

Die Silbe *sam* in *parasamgate* bedeutet jeder, alle, der Sangha, die ganze Gemeinschaft der Lebewesen. Alle sind zum anderen Ufer hinübergegangen.

Bodhi ist das innere Licht, die Erleuchtung oder das Erwachen. Ihr seht, und der Anblick der Wirklichkeit befreit euch. Und *svaha* ist ein Ausruf, der Freude oder Erregung ausdrückt, wie „Willkommen" oder „Halleluja".

„*Gegangen, gegangen, den ganzen Weg hinübergegangen, alle hinübergegangen zum anderen Ufer, Erleuchtung, svaha!*"

Das sind die Worte des Bodhisattvas. Lauschen wir dem Mantra, so sollten wir selbst einen Zustand der Achtsamkeit und Konzentration entwickeln, damit wir die Stärke erfahren können, die Bodhisattva Avalokitesvara ausstrahlt.

Wir rezitieren das *Herz-Sutra* weder wie ein Lied, das wir singen, noch allein mit unserem Intellekt. Wenn ihr über Leerheit meditiert und dabei mit eurem ganzen Herzen, eurem Körper und eurem Geist eintaucht in die Natur der wechselseitigen Durchdringung, werdet ihr einen Zustand völliger Konzentration erlangen. Sprecht ihr dann das Mantra, aus der Tiefe eures Wesens heraus, wird das Mantra voller Kraft sein, und ihr werdet fähig zu wirklicher Verbindung, wirklicher Gemeinschaft mit Avalokitesvara. Und ihr werdet fähig, den Weg der Erleuchtung zu gehen.

Diesen Text gilt es jedoch nicht nur zu rezitieren oder auf einen Altar zu stellen und zu verehren. Er ist uns als praktisches Werkzeug gegeben, um für unsere Befreiung und die aller Wesen zu wirken, so wie uns Werkzeuge für die Landwirtschaft gegeben sind, damit wir den Boden bebauen können.

Das ist das Geschenk Avalokitesvaras an uns. Es gibt drei Arten von Geschenken. Erstens das Geschenk der materiellen Mittel. Zweitens das Geschenk des praktischen Wissens, das Geschenk des Dharma. Das dritte, wertvollste Geschenk ist das Geschenk der Nicht-Angst. Bodhisattva Avalokitesvara ist der, der uns helfen kann, uns selbst von Angst zu befreien. Das ist das Herz, die Essenz der Prajñaparamita.

Die Prajñaparamita gibt uns sicheren Halt, um Frieden mit uns selbst schließen zu können und die Angst vor Geburt und Tod, die Dualität von diesem und jenem transzendieren zu können. Im Lichte der Leerheit ist alles auch alles *andere*; wir bedingen und durchdringen einander, und jeder ist verantwortlich für das, was im Leben geschieht.

Wenn ihr Frieden und Glück in euch selbst schafft, so beginnt ihr, Frieden für die ganze Welt zu verwirklichen. Mit dem Lächeln, das in euch selbst erwacht, dem bewußten Atem, der in euch selbst gründet, beginnt ihr für den Frieden in der Welt zu wirken. Ihr lächelt nicht nur für euch allein; vielmehr wird sich durch euer Lächeln die Welt verändern. Wenn ihr meditiert und euch auch nur einen Moment lang daran erfreut; wenn ihr in euch selbst Heiterkeit und Glück begründet, dann gebt ihr der Welt einen sicheren Ort des Friedens. Wenn ihr euch nicht selbst Frieden schenken könnt, wie wollt ihr ihn dann mit anderen teilen? Wenn ihr nicht damit anfangt, in euch selbst Frieden zu verwirklichen, wo wollt ihr dann damit beginnen? Zu sitzen, zu lächeln, die Dinge zu betrachten und sie wirklich zu sehen, sind das Fundament, auf dem ein Wirken für den Frieden möglich wird.

Gestern haben wir in unserem Retreat ein Mandarinen-Fest gefeiert. Allen wurde eine Mandarine angeboten, die wir dann in unseren Händen hielten und betrachteten, dabei atmeten wir so bewußt, daß die Mandarine wirklich wurde. Wenn wir eine Mandarine essen, sehen wir meist gar nicht so genau hin und denken an viele andere Dinge. Eine Mandarine zu betrachten, bedeutet zu sehen, wie sich die Blüte zur Frucht wandelt, bedeutet den Sonnenschein und den Regen in ihr zu sehen. Die Mandarine in unseren Händen ist die wunderbare Gegenwart des Lebens. Wir sind fähig, die Mandarine wirklich zu sehen, ihre Blütenfülle und die warme, feuchte Erde zu riechen. Da die Mandarine wirklich wird, werden auch wir wirklich. Das Leben selbst wird in diesem Moment wirklich.

Achtsam begannen wir dann, unsere Mandarine zu schälen und ihren Duft zu riechen. Vorsichtig nahmen wir jedes Stück, legten es auf unsere Zunge und konnten erspüren, daß es wirklich eine Mandarine war. Wir aßen jedes Stück vollkommen achtsam, bis wir die ganze Frucht gegessen hatten. Es ist sehr wichtig, eine Mandarine in dieser Weise zu essen, denn beide, die Frucht und der Mensch, der sie ißt, werden wirklich. Auch das ist grundlegendes Wirken für den Frieden.

In der buddhistischen Meditation kämpfen wir nicht um eine Erleuchtung, die vielleicht in fünf oder zehn Jahren geschehen wird. Wir üben so, daß jeder Moment unseres Lebens wirkliches Leben wird. Wenn wir also meditieren, sitzen wir, um zu sitzen; wir sitzen nicht für irgend etwas anderes. Sitzen wir zwanzig Minuten lang, so sollten uns diese zwanzig Minuten Freude und Leben schenken. Üben wir Geh-Meditation, so gehen wir nur, um zu gehen und nicht, um anzukommen. Wenn wir mit jedem Schritt bewußt sind, so bringt jeder Schritt wirkliches Leben zu uns zurück. Diese Achtsamkeit können wir beibehalten, wenn wir z.B. frühstücken oder wenn wir ein Kind in den Armen halten. Sich zu umarmen ist ein westlicher Brauch; doch wir aus dem Osten würden dem gern die Übung des bewußten Atmens hinzufügen. Atmet dreimal ein und aus, während ihr ein Kind in den Armen haltet oder eure Mutter, euren Ehemann oder eine Freundin umarmt, und euer Glück wird sich verzehnfachen. Und wenn ihr jemanden anseht, so betrachtet ihn oder sie wirklich mit Achtsamkeit und seid euch eures Atems bewußt.

Ich schlage vor, daß ihr zu Beginn jeder Mahlzeit euren Teller betrachtet und leise rezitiert: „Mein Teller ist jetzt leer, aber ich weiß, daß er schon im nächsten Moment mit köstlichem Essen gefüllt sein wird." Während ihr darauf wartet, bedient zu werden oder euch selbst zu bedienen, solltet ihr dreimal atmen und noch genauer hinschauen: „Sehr viele Menschen überall in der Welt halten in diesem Moment ebenfalls ihren Teller, doch wird ihrer für lange Zeit leer bleiben."

Tagtäglich sterben 40 000 Kinder, weil sie nichts zu essen haben. Allein Kinder! Wir können uns sehr glücklich schätzen, solch wunderbares Essen zu haben, doch leiden auch wir, denn wir sind imstande, zu sehen. Aber wenn wir auf diese Weise sehen, so heilt uns das auch, denn der Weg, der vor uns liegt, wird deutlich - so zu leben, daß wir Frieden schließen können mit uns und der Welt.

Da wir das Gute und das Böse sehen, das Wunderbare und das tiefe Leiden, müssen wir so leben, daß wir Frieden zwischen uns und der Welt schließen können. Verstehen ist die Frucht der Meditation. Verstehen ist die Grundlage von allem. Jeder Atemzug, den wir tun, jeder Schritt, den wir gehen, jedes Lächeln, das wir lächeln, ist ein positiver Beitrag zum Frieden und trägt zum Frieden in der Welt bei. Im Lichte wechselseitiger Durchdringung bedeuten Frieden und Glück in unserem täglichen Leben Frieden und Glück in der Welt.

Ich möchte mich bedanken für eure Aufmerksamkeit, bedanken, daß ihr Avalokitesvara zugehört habt. Weil ihr hier seid, ist das Herz-Sutra sehr einfach geworden.

Zentrum von Thich Nhat Hanh
Plum Village
Sister Phuong – True Emptiness
Meyrac, Loubès Bernac
F–47120 Duras   Tel. 00 33 / 53 94 75 40
                          Fax 00 33 / 53 94 75 90

**Informationen über Thich Nhat Hanhs Aktivitäten
in Deutschland und Österreich**
Gemeinschaft für achtsames Leben
Karl Schmied
Attenbergstr. 20, Postfach 60
83730 Fischbachau   Tel. 0 80 25 / 50 59
                         Fax 0 80 25 / 71 59

**Informationen über Thich Nhat Hanhs Aktivitäten
in der Schweiz**
Meditationszentrum Haus Tao
Beatrice und Marcel Geisser
CH–9427 Wolfhalden   Tel. 00 41 / 71 / 44 41 83
                         Tel. / Fax   44 35 39

Weitere Zentren und Meditationsgruppen, die in der Tradition von Thich Nhat Hanh praktizieren
Bodensee-Sangha
Claudia Wieland
Überlinger Str. 23
88682 Salem-Tüfingen   Tel. 0 75 53 / 596

Waldhaus am Laacher See
Dr. Paul Köppler
56645 Nickenich   Tel. 0 26 36 / 33 44

Zenklausen in der Eifel
Judith Bossert und Adelheid Meutes-Wilsing
Huffertsheck 1
54619 Lautzerath   Tel. 0 65 59 / 467

Bücher von Thich Nhat Hanh

Alter Pfad – Weiße Wolken
Leben und Werk des Gautama Buddha
ISBN 3-89620-059-3

Das Diamant-Sutra
Kommentare zum Prajñaparamita Diamant-Sutra
ISBN 3-89620-066-6

Donnerndes Schweigen
Das Sutra über die Kenntnis vom besseren Weg,
eine Schlange zu fangen
ISBN 3-89620-073-9

Einssein
Kommentare zu den Tiêp Hiên Regeln
ISBN 3-89620-054-2

Innerer Friede – Äußerer Friede
ISBN 3-89620-085-2

Der Klang des Bodhibaums
Anrufungen, Meditationen, Lieder
ISBN 3-89620-069-0

Mit dem Herzen verstehen
Kommentare zu dem Prajñaparamita Herz Sutra
ISBN 3-89620-086-0

Theseus Verlag

Bücher von Thich Nhat Hanh

Die Sonne, mein Herz
ISBN 3-89620-026-7

Das Sutra des bewußten Atmens
Kommentare zu dem Anapanasati Sutra
ISBN 3-89620-030-5

Über die Worte Buddhas
Kommentare zu sechs wesentlichen Sutras
ISBN 3-89620-074-7

Umarme deine Wut
Sutra der Vier Verankerungen der Achtsamkeit
ISBN 3-89620-056-9

Unsere Verabredung mit dem Leben
Buddhas Lehre vom Leben im
gegenwärtigen Augenblick
ISBN 3-89620-053-4

Das Wunder der Achtsamkeit
Einführung in die Meditation
ISBN 3-89620-087-9

Neuerscheinung:
**Aus der Tiefe des Verstehens
die Liebe berühren**
ISBN 3-89620-082-8

Theseus Verlag